続 大切な食べものを無駄にしない読本

2006年に『大切な食べものを無駄にしない読本
―疑問すっきり・食品保存マニュアル―』を発行し、
たいへんな反響を得ました。
現在も数多くの方にお届けしています。

資源の高騰、輸入食品の安全性など、
食をめぐる状況はいっこうによくなりません。
食べものを無駄にしないために、
私たちができることは、まだまだたくさんあります。
食材を無駄なく使いきるための調理法、
水や資源を無駄にしない調理法を心がけ、
大切な食べものと資源を生かしきりましょう。

食べもの、
大切にね！

ベターホーム協会は
「食べもの大切運動」を行っています。

目次

- 食べられるのに、捨てている私たち……2

捨てないで・使いきる【食べもの】
- 無駄なしの一歩は買物から……4
- ひと手間かけて使いやすく……6
- 見直そう「皮」活用……8
- 見直そう「煮汁」活用……10
- おかず変身……12
- 少し残ったあれこれも
  使いきりかんたんレシピ
  (もやし・生クリーム・とうふ・レモン・卵白・
  かまぼこ・ちくわ・はんぺん)……14
- 捨てないで・食べられます……18
- 捨てないで・使えます……22

捨てないで・使いきる【調味料】
- 最後まで使いきろう・調味料……23
- オイスターソース……24　トマトケチャップ……25
- ジャン3種……26　ソース……28
- チューブもの……29　ドライハーブ……30
- ナンプラー……31　ねりごま……32
- バルサミコ……33　ぽん酢しょうゆ……34
- マヨネーズ……35　めんつゆ……36
- 焼き肉のたれ……37　ゆずこしょう……38
- ワインビネガー……39
- カレー粉・スイートチリソース・粒マスタード……40
- タバスコ・西京みそ・おまけ調味料……41

資源無駄なし
- ガス・電気・水を大切に……42
- 同時調理でらくらく……46
- 油の使い方の基本……48

- ●レシピ中の分量表記 (㎖＝cc)
  大さじ1＝15㎖　小さじ1＝5㎖
- ●制作・料理研究／ベターホーム協会
- ●撮影／大井一範 他　●イラスト／牧野暢穂
- ●デザイン／ドモン・マインズ

食べられるのに、捨てている私たち

40%を切ってしまった食料自給率。なんとかしなければ、という声は大きくなっています。にもかかわらず、私たちの食べ方にはまだまだ無駄がいっぱいです。

いったい、どれくらい無駄にしているのでしょう。下のグラフの青線は、1日に国民1人あたりに行きわたっている食料を熱量（カロリー）に換算した供給カロリー。赤線は実際に食べている摂取カロリーです。この差が無駄になっているわけで、約3割を食べ残したり、使わずに捨てていることになります。

食べものを無造作に捨てる行為は、環境にもよくありません。調味料や残った飲みものなどを流してしまうことはありませんか。左の表は、水に捨てた場合、汚れた排水を、魚が住める水質にするために必要な水の量を示したもの。ソース大さじ1の汚れをきれいにするには、浴槽2.3杯分もの水が必要となるのです。

食べものを無駄なく使いきることは、自給率アップにつながるだけでなく、経済的でもあり、環境にもよい暮らしです。あなたの食生活を見直してみましょう。

魚が住める水にもどすために必要な水の量

汚れのもと	浴槽（300ℓ）何杯分？
しょうゆ（大さじ1）	1.7杯分
みそ汁（200mℓ）	2.5杯分
ソース（大さじ1）	2.3杯分
牛乳（180mℓ）	13杯分
ビール（180mℓ）	8.6杯分
おでんの汁（200mℓ）	2.8杯分
使用ずみの揚げ油（500mℓ）	560杯分

「とりもどそうわたしたちの川を海を」より

国民1人1日あたりの供給カロリーと摂取カロリーの変化

供給熱量：農林水産省「食料需給表」
摂取熱量：厚生労働省「国民栄養調査」

1人あたりこんなに行きわたっているのに

もったいない！

これだけしか食べていないんだね

あなたには、食べものを無駄にする習慣がありませんか?!
次の項目で、思いあたる行動をチェックしてみましょう。

1 「特売」「大安売り」などのことばに弱く、食材の使い道を考えずについ買ってしまう。

2 「たりないよりは余ったほうがいい」と思い、おかずを多めに作って結局飽きて捨てることがある。

3 最後まで使いきれずに調味料を捨てたことがある。

4 冷蔵庫のすみで、ひからびた野菜を発見したことがある。

5 段どりを考えずに調理にかかるので、料理がさめてしまったり、時間が余分にかかったりする。

6 冷蔵庫の中がごちゃごちゃで、必要なものを見つけるのに時間がかかる。

7 献立は、いつもその日買物に行ってからその場で考える。

8 野菜の葉や茎、皮は、すべて捨てている。

9 賞味期限を1日でも過ぎたら、なんでも捨てている。

10 煮もののあとの煮汁や残ったみそ汁、揚げ油などは、流しに捨てている。

料理は毎日のことです。続けるうちに、習慣として身につきます。この読本が、「無駄を出す習慣」を見直すチャンス。見直すためのヒントがいっぱいです。まずはできることから、ひとつずつ始めてみましょう。

捨てないで・使いきる

無駄なしの一歩は買物から

今日からできる

「できれば無駄は出したくない」。その気持ちはあるけれど、何から始めたらいいの？？
今日から始める、始められる、第一歩は買物から。

必要なものを必要なだけ買おう

そのためにできること　使いきれるかどうか、考えよう

袋に3本入ったにんじん。どう使いきる？
「1回の料理で使いきれる野菜」は、実はあまりありません。また、家族構成が変化したあとも、ついついこれまでと同じ量を買ってしまって、余らせがち。買うときに、残りの使い道を「なんとなく」でも考えておきましょう。2～3日分の献立を考えるなら、なんとかなるのでは。まずはできるところから！

ごちそうさま

にんじん3本
あったなら♪

1日目
1本→カレー

3日目
1本→ピクルス

2日目
1本→サラダ

そのためにできること　買物にメモを持参しよう

買いすぎも、
買い忘れも防ぎます

買いおきがあったのに、二重買い。なくなっていたのに買い忘れ。そんな失敗をなくしましょう。日々、なくなったものを書きこみ、献立に合わせた食材を書きたして、マイバッグを持ってお出かけ。

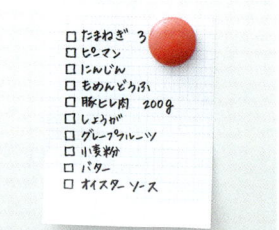

アドバイス

カートを使うと、ついいろいろなものを買いがち。手にカゴを持てば、重いのがプレッシャーになって買いすぎ防止に。

ごみのことを考えて買おう

そのためにできること いらないものは、もらわない

もし、もらったら、再利用しましょう

	再利用	
スプーン	→	調味料や粉類のスプーンに。植物の栄養剤のスプーンに
割り箸		さい箸として。食器のすみを洗う。台所やお風呂のすみの掃除に
わさびやからしなど		ほかの料理に使う ☞ P.41「おまけ調味料」

マイバッグを使いましょう

折りたためるバッグを持ち歩きましょう。ふろしきを結んで作る、「ふろしきバッグ」もおすすめです。

ふろしきバッグの作り方

❶ 表を内側にして三角に折り、左右を結ぶ。
❷ 裏返し、結び目を袋の中に入れる。
❸ 上の角を結ぶ。

そのためにできること 旬のものを、選ぼう

省エネになる
多くの野菜は一年中店に並んでいます。でも、旬以外の時期に野菜を作るためには、右のグラフのようにハウス栽培のための光熱費など、多くのエネルギーがかかっています。

おいしくなる
旬のおいしさは格別。皮や葉もやわらかくなり食べやすくなるので、結果的に捨てる部分が減り、ごみが減ります。

安くなる
たくさん収穫されるので、値段も下がってうれしいことづくし。

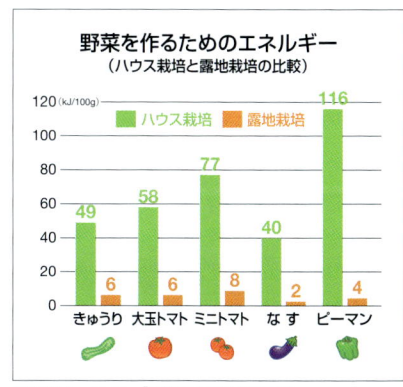

野菜を作るためのエネルギー
（ハウス栽培と露地栽培の比較）

省エネルギーセンター「上手にいただきます」より

捨てないで・使いきる

ひと手間かけて使いやすく

> このひと手間が無駄をなくす

ただの「ほうれんそう」より、「ゆでてあるほうれんそう」。ただの「ねぎ」より、「切ってあるねぎ」。こうしておけば、使いたいときにさっと使えて便利。だめにしてしまうことも減らせます。無駄なく材料を使うための、ほんのひと手間と心がけをご紹介。

ついでに、まとめて、やっておきたいひと手間

野菜

青菜、ブロッコリーなど → ゆでておく → すぐ一品

ねぎ、万能ねぎなど → 切っておく → すぐ一品

ごはん／パン

1ぜん分ずつ冷凍
まとめて炊いて1ぜん分ずつラップで包み、さめてから保存袋に入れて冷凍。

スライスして冷凍
パンは最初に食べるときに全部スライスしてしまいます。乾燥しないようにしっかりラップで包み、保存袋へ。

だしこんぶ／焼きのり

切っておく
最初に使うときにまとめて全部切っておけば、あとがらく。密閉容器などで保存。乾燥剤も入れておきます。

バター

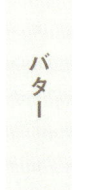

切っておく
最初に使うときに10gずつに切って、しっかり包み直します。そのつどあわてて切ったりはかったりしなくてすみ、調理がスムーズに。

ひと手間で差がつくかしこい保存

よく使う量に小分けして冷凍

肉は100gずつ

魚は1切れ、1枚ずつ

ベーコンは1枚ずつ

肉・魚など

「買ってきたまま冷凍室へ」、これでは、使いたいときに全部解凍しなければならず、使いきれないことが多くなります。ここでひと手間。小分けして冷凍しましょう。

冷凍の基本

ラップでぴったりと包み、できるだけ薄くします。まとめて冷凍用の保存袋などに入れます。日付と中身を書いておきましょう。ラベルを貼っておくのも便利。

使うときは

冷蔵庫に移して、ゆっくり時間をかけて解凍します。電子レンジ解凍は、加熱しすぎないように注意しましょう。

開封した日を明記する

開封した日(または賞味期限)をマジックで見やすく大きく書きます。新しいうちに使う、という意識を高めます。

電子レンジ可の器や容器に

温め直して食べるものは、そのまま電子レンジに入れられる容器で保存。移しかえる手間もありません。

保存場所は定位置に

野菜、肉、魚、調味料、加工食品(つくだ煮や漬けものなど)などの、冷蔵庫内での保存の場所を決めておくと、さっととり出せて、冷蔵庫の電力も無駄になりません。たとえば使いかけの野菜を、根菜とサラダ野菜に分けて、それぞれまとめておくと、小さな使いかけも行方不明になりにくい。

野菜の使いかけはぴったりラップをしましょう。

野菜の保存は生まれた向きで

野菜は、栽培されている状態で置くのがベターです。たとえば、アスパラガスなど立って生えている野菜を横にしておくと、立とうとして余分なエネルギーを使って老化しやすくなります。

捨てないで・使いきる

見直そう「皮」活用

にんじんやだいこんなどは、よく洗えば皮ごと食べられます。味のしみこみや見ばえをよくするために皮をむいたときは、その皮を使ってもう一品作ってみましょう。皮は冷蔵して2～3日で使いきりましょう。

Start

厚めにむいたら

少しの皮やちょっと残った切れ端が出たら

すぐに小さくきざんで保存容器に入れて冷蔵庫へ

チャーハンの具にしよう

お好み焼きの具にしよう

カレーに入れたり、ハンバーグ、ぎょうざの具に加えよう

スープの実や、みそ汁の具にしよう

まだある、こんな使い方

❖ くだものの皮

【紅茶に入れる】
紅茶にりんごの皮を入れて、アップルティーに。ほかに梨や柿、オレンジなども。

【乾燥させて、入浴剤に】
ほのかな香りが楽しめます。日に当てるか、広げて電子レンジにかけて（ラップなし）乾燥させます（写真上）。お茶パックに入れておけば、かすが出ても気になりません（写真下）。☞P.22

［捨てないで・使えます］

8

recipe
きんぴらを作ろう

材料2人分*

れんこん、にんじん、
だいこんなどの皮…合計100ｇ*
A ［砂糖・しょうゆ…各大さじ½
　　だし…大さじ1½］
ごま油…大さじ½
(好みで) 七味とうがらし…少々

*だいこんだけなら約½本分の皮の量です。

1. 野菜の皮は細切りにします。
2. Aは合わせておきます。
3. ごま油で皮をいためます。しんなりしたらAを加えていりつけます。器に盛り、好みで七味とうがらしをふります。

◎冷蔵庫で4～5日保存できます。

使い方アドバイス

きんぴらにするとき、野菜の皮は、厚いものは細く、薄いものは幅広く切るようにすると、火の通りが均一になります。
うどの皮のきんぴらを作るとき、うどの皮だけではたりないようなら、一緒にだいこんの料理を作って、その皮も使うと量が増えます。

保存容器に入れて冷蔵庫へ

recipe
むらさき漬けを作ろう

材料2人分*

にんじん、だいこん、
かぶなどの皮…合計150ｇ
A ［しょうゆ…大さじ1½
　　酒…小さじ2］

1. 野菜の皮は、食べやすい大きさに切ります。
2. Aを合わせ、①をつけます。半日ほどおくと、食べごろです。

◎冷蔵庫で4～5日保存できます。

❖ 野菜の皮

[その場でさっと]
皿の汚れをふきとるのに使います。

→P.43「汚れはふきとってから洗おう」

捨てないで・使いきる

見直そう「煮汁」活用

煮魚・煮もの・鍋ものなどのあと、鍋に残った、うま味たっぷりの煮汁。捨てていませんか？ おいしい使い道を知って、食べつくしましょう。捨てないことで、水を汚さないことにもつながります。

Start
煮汁によって、向いている使い方があります

薄い味つけのもの
水炊き、ポトフ、湯どうふなど

濃い味つけのもの
煮豚、煮魚、すきやき、おでん、いなりの味つけなど

recipe 卵の花いりを作ろう

材料2人分 ＊1人分約125kcal

おから…50g　油揚げ…1枚
にんじん…10g　ねぎ…⅓本
ごま油…大さじ½　煮汁…100ml＊
＊煮汁がたりない場合は、水を加えます。

❶にんじんは2cm長さの細切りにします。油揚げは熱湯をかけて油抜きし、縦半分に切ってから2〜3mm幅に切ります。ねぎは小口切りにします。
❷鍋にごま油を熱し、①を強火でいためます。油がまわったら、煮汁とおからを加えて中火にします。木べらなどで混ぜながら、煮汁がなくなるまで煮ます。こげやすいので、鍋の底までよく混ぜます。味をみて、しょうゆや砂糖で味をととのえます。

チャーハンの味つけに使おう

だしで薄めてスープにしよう

煮こごりをトッピングにしよう
肉や魚などの煮汁が冷えると、ゼリー状にかたまります（煮こごり）。これをくずしてサラダやとうふにのせます。

まだある、こんな使い方
・とうふをくずしていため、煮汁で味つけして、いりどうふに。
・残った具も一緒に卵でとじて、丼に。

recipe
おじやを作ろう

材料2人分 ＊1人分約270kcal

こまつな…150g　もめんどうふ…½丁(150g)
ごはん…約1.5ぜん分(約200g)
サラダ油…大さじ½　煮汁…500ml＊
＊煮汁がたりない場合は、水を加えます。

❶こまつなは2cm長さに切ります。とうふは4等分くらいに切って、水気をきっておきます。
❷ごはんはざるに入れて水洗いし、水気をきります。
❸鍋に油を中火で熱し、こまつなをさっといためます。とうふを加え、木べらでくずしながらいためます。
❹煮汁を加え、沸とうしたところにごはんを入れて、ひと煮立ちしたら火を止めます。味をみて、しょうゆ、塩などで味をととのえます。

まだある、こんな使い方

・うどんなどのめん類を入れて煮こみ風に。
・もちを入れ、青菜やにんじんを加えてお雑煮に。
・カレーやシチューなどに加えて。

味をととのえて
みそ汁やスープにしよう

しょうゆ、塩、みそ、スープの素など、好みの調味料を加えます。

野菜のゆで汁も活用

ゆで汁にもうま味

もやしやブロッコリー、さやいんげんなど、アクの少ない野菜をゆでたゆで汁には、野菜のうま味が出ています。スープの素や塩などで調味してスープにすると、湯だけのものよりワンランク上の味。

☞P.44「ゆで汁を使おう」

捨てないで・使いきる

おかず変身

作りすぎて残ってしまったり、作りおきのおかずに飽きてしまったり。そんなとき、味や雰囲気をがらりと変身させて、おいしく食べきりましょう。4つのワザを参考に、新しい組み合わせを試してみてください。

変身ワザ　その1

卵焼きに入れてみよう

卵　＋　たとえば残った **ひじきの煮もの**

ひじきの卵焼き

大きいものはきざんだりつぶしたりして

肉じゃが、筑前煮、きんぴら、焼き魚のほぐし身、五目豆、ブロッコリーやほうれんそうなどのゆで野菜、ゆでたかぶやだいこんの葉、ポテトサラダなども

変身ワザ　その2

ごはんに混ぜてみよう

ごはん　＋　たとえば残った **切干だいこんの煮もの**

切干だいこんの混ぜごはん

大きいものは、きざんで。必要に応じて塩などで味をととのえて

きんぴらごぼう、煮豆、さといもの煮もの、漬けもの、ナムル、こんにゃくのいり煮なども

チーズポテト

和洋にとらわれずささっと変身！
かぼちゃの煮もの、厚揚げの煮もの、残りごはん、ハンバーグ、カレー、ミートソースなども

変身ワザ　その3
チーズ焼きにしてみよう

 +

チーズ
オーブントースターでこげ目をつける

たとえば残った**ポテトサラダ**

変身ワザ　その4
味を変えてみよう

 ← **洋風豚汁**

 **牛乳** +  たとえば残った**豚汁**

 ← **トマト煮こみ**

 **トマト缶** +  たとえば残った**ポトフ**

 ← **みそ煮こみ**

 **みそ** +  たとえば残った**おでん**

捨てないで・使いきる

少し残ったあれこれも使いきりかんたんレシピ

一度に使いきれず、日持ちもしないものは、つい捨てて無駄にしてしまいがち。さっと作れるレシピで、無駄を出さずに使いきりましょう。

【もやし】

水が出ていたみやすいので、ささっとできる一品をレパートリーに持っておきたい。

基本の保存 冷蔵。空気にふれると変色しやすいので、使いかけは袋の中の空気をできるだけ抜きます。1〜2日で使いきりましょう。

recipe もやしとピーマンのごま酢

材料2人分 ＊1人分51kcal

もやし… 150g
ピーマン… 1個
パプリカ（赤）…1/4個（約40g）
酒…大さじ1/2
A ┌ すりごま（白）…大さじ1 1/2
　│ 砂糖…小さじ1
　│ しょうゆ…小さじ2
　└ 酢…小さじ2

❶ピーマンとパプリカはもやしと同じくらいの太さに切ります。
❷耐熱皿にもやしと①を入れ、酒をふります。ラップをかけ、電子レンジで約2分（500W）加熱します。ざるに広げてさまします。
❸Aを合わせ、②をあえます。

recipe もやしのささっといため

材料2人分 ＊1人分88kcal

もやし… 150g
豚ひき肉… 50g
サラダ油…小さじ1
しょうゆ…小さじ1
酒…小さじ1

❶もやしは洗って、水気をきります。
❷フライパンに油を熱し、肉をいためます。肉の色が変わったらもやしを加え、さっと混ぜ、ふたをして約30秒蒸し煮にします。
❸ふたをとり、しょうゆと酒を加え、ざっと混ぜます。

【生クリーム】

新鮮なうちに使いきりたい生クリーム。これでおいしく使いきり。キャラメルスプレッドは日持ちもするのがうれしい。

基本の保存 冷蔵。振動でかたまりができやすいので、ドアポケットに入れないように。開封後1〜2日までに使いきりましょう。

recipe とろとろクリーム

材料 ＊全量218kcal（くだものは除く）
生クリーム… 50 ml
レモン汁…小さじ½
好みのくだもの

❶生クリームにレモン汁を少しずつ加えながら混ぜます。好みのとろみがついたら、くだものにかけます。
◎生クリームの種類によってとろみのつき方が違います。ようすをみながら加えてください。

recipe キャラメルスプレッド

材料 ＊
全量702kcal
生クリーム
　…100 ml
砂糖…70 g
水
　…大さじ1弱

❶鍋に砂糖と水を入れ、中火にかけます。
❷砂糖が溶け始めたら時々鍋をゆすりながら加熱し、薄く色づいたら火からおろします。
❸生クリームの⅓量を加え、木べらなどで混ぜます。なじんだら残りの生クリームを少しずつ加えながら混ぜます。再び弱火にかけ、3〜4分して、木べらで鍋の底に1の文字が書けるくらいのとろみがついたら、火を止めます。
◎パンにつけたり、ホットミルクに溶かします。
◎冷蔵庫で2週間保存できます。

【とうふ】

早く使いきりたい代表格。冷凍すると高野どうふのようになるので、切ってから冷凍するとすぐ煮ものなどに使えます。

基本の保存 冷蔵。残ったら密閉容器に入れ、かぶるくらいの水につけます。毎日水をかえて1〜2日で使いきります。

recipe とうふディップ

材料2人分 ＊全量267kcal
もめんどうふ…½丁(150g)
A ┌ マヨネーズ…大さじ1½
　├ みそ…大さじ1
　└ 酢…小さじ1

❶とうふは、キッチンペーパーで包み、耐熱皿にのせて電子レンジで約2分（500W）加熱し（ラップなし）、水きりをします。
❷ボールなどに①を入れ、フォークなどでつぶします。Aを加え、なめらかになるまでよく混ぜます。
◎ピーナッツをきざんで加えても。野菜などにつけて食べます。

【レモン】

半分残ったり、汁をしぼったあとそのまま捨てることの多いレモンですが、余さず活躍させます。

基本の保存 冷蔵。使いかけは切り口をラップでしっかり包み、密閉容器に入れます。2〜3日で使いきりましょう。

recipe レモンの砂糖煮

材料＊
汁をしぼったあとのレモン
　…約50g
砂糖…25g　水…25ml
＊砂糖と水の割合は、レモンの重量の半分の重さです。

① レモンは表面の皮を薄くけずって除きます。
② ①をたっぷりの湯でゆで、ざるにとります。さめたらあらくきざみます。
③ 鍋に②と砂糖、水を入れ、ふたをして弱火で煮詰めます。
◎ヨーグルト（ケフィア）などにかけて食べます。

recipe レモンマリネ

材料2人分＊1人分175kcal
たまねぎ…¼個（50g）
にんじん…½本（100g）
レモン…½個
A ┌ サラダ油…大さじ2
　│ 砂糖…大さじ1
　└ 塩…小さじ½

① たまねぎは薄切りにします。にんじんはたんざく切りにします。レモンは薄切りを2〜3枚とり、残りはしぼって汁をとります。
② レモン汁とAを合わせ、たまねぎとにんじんをつけます。レモンの薄切りを加えます。時々上下を返します。15分ほどおいて、なじませます。
◎冷蔵庫で4〜5日保存できます。

【卵白】

ケーキづくりなどで卵黄を使ったあとに残りがち。きれいな白を、汁ものやサラダのいろどりにいかします。

基本の保存 割ったあとの卵はいたみやすいので、すぐに使いましょう。冷凍もできます。使うときは自然解凍して加熱する料理に。

recipe のりとみつばのお吸いもの

材料2人分＊1人分13kcal
焼きのり…¼枚
みつば…3本
卵白…1個分
A ┌ だし…350ml
　│ 塩…少々
　└ しょうゆ…少々

① のりは3cm角に切ります。みつばは2cm長さに切ります。卵白はほぐします。
② 鍋に、Aを合わせます。沸とうしたら卵白を少しずつ流し入れます。
③ 卵白がふんわり浮かび上がってきたら火を止めます。椀に盛り、のり、みつばを散らします。

recipe ほうれんそうサラダ

材料2人分＊1人分約70kcal
ほうれんそう（サラダ用）…100g
ロースハム…1枚
卵白…2個分
塩…少々
サラダ油…少々
フレンチドレッシング…適量

① ほうれんそうとハムは食べやすい長さに切ります。
② 卵白はよくほぐします。塩を加えます。フライパンに油を熱し、いり卵を作ります。
③ 器に、ほうれんそうとハムを盛ります。いり卵をのせます。食べる直前にフレンチドレッシングをかけます。

【かまぼこ・ちくわ・はんぺん】

軽く塩気もついているので、かんたんに酒肴の一品になります。
はんぺんののり巻きはしぼみやすいので、すぐに食べて。

基本の保存 冷蔵。ラップで包み、空気に触れないようにします。1〜2日で使いきりましょう。ちくわとはんぺんは、食感が少し変わりますが、使う状態に切って冷凍できます。凍ったまま加熱調理。

recipe
ちくわときのこのいため煮

材料2人分 ＊1人分123kcal

ちくわ…2本(50g)
しめじ
　…½袋(50g)
えのきたけ
　…½袋(50g)
サラダ油…大さじ1

A［酒…大さじ1
　しょうゆ…大さじ1］
ごま油…小さじ½

❶ちくわは斜めに切ります。きのこは根元を切り落として、しめじは手でほぐし、えのきは3〜4cm長さに切ります。
❷鍋にサラダ油を熱し、①をさっといためます。油が回ったらAを加えていためます。煮汁がなくなったら、ごま油をふって火を止めます。

recipe
はんぺんののり巻き

材料2人分 ＊1人分49kcal

はんぺん…1枚(100g)
焼きのり…¼枚
しょうゆ…少々

❶のりは5〜6cm長さ、2cm幅に切ります。はんぺんは長方形に切ります。はんぺんをオーブントースターで5分ほど焼き、両面に焼き色をつけます。
❷のりに少ししょうゆをつけ、はんぺんを巻きます。
◎オーブントースターの網にサラダ油を少し塗っておくと、くっつきにくくなります。

recipe
みつばとかまぼこのわさびあえ

材料2人分 ＊1人分23kcal

みつば＊…1束(50g)
かまぼこ…30g＊＊

A［練りわさび…小さじ¼
　だし…大さじ1
　しょうゆ…小さじ1］

＊好みの青菜でどうぞ。
＊＊ちくわでもできます。

❶みつばは根元を切り落とし、さっとゆでて水にとり、しぼります。4〜5cm長さに切ります。
❷かまぼこは薄切りにして7〜8mm幅に切ります。
❸Aを合わせ、みつばとかまぼこをあえます。

捨てないで・使いきる

捨てないで・食べられます

捨てていたところも見直そう

これまですぐに捨てていたものを見直してみましょう。食べられるところがたくさんあるはずです。はんぱに残って無駄にしていたものも、おいしく食べるくふうをしましょう。

かぶ・だいこんなどの葉・茎

葉も立派な緑黄色野菜です。ゆでて、水気をしぼります。密閉容器で2〜3日保存できます。汁ものの実のほか、チャーハンの具にすれば、いろどりもきれいです。

まだある、こんな使い方

葉をとったあと水にさしておくと、数日で次の葉が育って、収穫できます。こまめに水をかえましょう。

ゆでて水気をしぼったら、細かくきざんで製氷皿に詰めます。冷凍し、朝食のみそ汁に1個入れるだけでかんたん。

ねぎの青いところ

小口切りやせん切りにして、汁ものの実に。切らずにそのままスープや煮こみ料理に入れて、香りづけにしても。セロリの葉や、パセリの茎なども同様に使えます。冷凍もできます。

えびの殻・魚の骨

オーブントースターでカリッと焼いて、みそ汁のだしに使うと、香ばしいうま味が出ます。まるごと食べても。あじやいわしの中骨も、同様にだしとして使えます。

recipe 骨せんべい

材料2人分

① 魚をおろしたあとに残った中骨をざるに並べ、両面に塩少々をふります。5分ほどおいて、水気をふきます。

② 揚げ油を低めの中温(160℃)に熱し、骨を入れます。2〜3分揚げて薄く色づいたら、いったんとり出し、油の温度を高温(180℃)に上げ、骨をもう一度入れてカラッと揚げます。好みで塩をふります。

残ったパン

中途半端に残ったパンやパンの耳は、ちぎってシチューに入れると、とろみが出ます。おいしいおやつにも変身。

recipe
パンプディング

材料2人分＊
1人分387kcal

❶ パン（食パン6枚切り2枚分）は、1cmくらいの角切りにします。バター15gは薄切りにします。
❷ 卵1個をほぐし、生クリーム50mlと砂糖大さじ1を合わせます。パンを入れて水分を吸わせます。
❸ 耐熱容器に入れ、バターをのせます。オーブントースターで色づくまで焼きます。

◎好みでシナモンなどをふります。

recipe
かんたんクルトン

材料2人分＊

パンの耳（食パン6枚切り2枚分）はさいころ状に細かく切ります。フライパンにサラダ油大さじ1を熱し、カリッとするまでいためます。
◎サラダやスープにのせてアクセントに。油で揚げないので手軽です。

ジャム・ヨーグルト

残り少ないジャムやヨーグルト（ケフィア）はカレーのかくし味に。また、びんや容器に直接牛乳を入れ、ふたをしてしっかり振ると、フルーツ牛乳やラッシーのできあがり。インスタントコーヒーのびんでも同じように牛乳を入れると、コーヒー牛乳ができます。
☞P.23「最後は中に何か入れて使おう」

らっきょうなどの漬け汁

らっきょうや甘酢しょうがの漬け汁は、おいしい甘酢です。中身を食べ終わったらすぐ捨てる、ではもったいない。甘酢漬けに活用しましょう。

recipe しょうがかつお・梅かつお

だしがら

料理のたびに出るだしがら。うま味を補うと、食べやすくなります。何回分かためてから使う場合は、（こんぶは切ってから）冷凍します。使うときは凍ったまま使えますが、ようすをみて加熱時間を調整してください。

けずりかつお

だしこんぶ

材料2人分＊

だしをとり、軽く水気をしぼったけずりかつお…25g＊
しょうが…1かけ（10g）または 梅干し…1個
A（みりん…大さじ1　しょうゆ…小さじ1）
＊元のけずりかつお約10g分です。

❶耐熱容器にけずりかつおを入れ、Aを加えてよく混ぜます。ラップをかけ、電子レンジで約1分30秒（500W）加熱します。
❷【しょうがかつおの場合】しょうがはせん切りにします。①に加えて混ぜます。
【梅かつおの場合】梅干しは種を除き、実をあらくちぎって①に加えて混ぜます。
◎ごはんにのせたり、おにぎりの具にぴったり。

recipe こんぶの当座煮

材料2人分＊

だしをとったあとのこんぶ
　…50g＊
酢…小さじ½
A ┌みりん…大さじ½
　│砂糖…小さじ½
　└しょうゆ…小さじ2½
(あれば)実ざんしょうの
つくだ煮…小さじ1
＊元のだしこんぶ約20cm分です。

❶こんぶは4～5mm幅の細切りにします。
❷鍋にこんぶと水150ml（材料外）、酢を入れ、火にかけます。煮立ったら弱火にし、ふたをして、やわらかくなるまで、約20分煮ます。
❸②にAと、あれば実ざんしょうを加えて、煮汁がなくなるまで煮ます。

残ったチョコレート

電子レンジで溶かしてアイスクリームにかけたり、そのままカレーのかくし味に加えてみましょう。コクがプラスされます。カレーにはヨーグルト(ケフィア)や、おろしりんごのほか、あめやゼリー、インスタントコーヒーなどを、少量加える人も。

焼きのり

しけてしまっても、あえものに混ぜて使えばおいしく食べられます。

recipe
のりと青菜のあえもの

材料2人分＊1人分25kcal

❶ほうれんそう(しゅんぎく、こまつな、せりなどでも)100gをさっとゆで、水にとって水気をしぼります。4cm長さに切ります。
❷しらす干し大さじ2は、さっと熱湯に通します。水気をきります。焼きのり1枚を手でちぎります。
❸だし大さじ1としょうゆ小さじ1で①②をあえます。

すりごま

すり鉢でごまをすったあと、みぞにたくさんのごまが残っています。丸型のおにぎりを作って中でころがせば、ごまがごはんにくっついてとれます。無駄もなく、ごまおにぎりもできて◎。

ここも捨てないで・食べられます
切り方で無駄なし

ついつい捨てがちな野菜のへたのまわり。ここも食べられることをお忘れなく。

揚げもので残った小麦粉や卵

揚げもののとき、最後に衣を全部まとめて丸め、揚げてしまいます。揚がったら砂糖やシナモンをまぶして、ひとくちおやつにしてしまえば、捨てるところなし。

捨てないで・使いきる

捨てないで・使えます

捨てる前に もうひと働き

捨ててしまえばただのごみ。その前に、もうひと働きさせましょう。
天然のにおい消し、汚れ落としとして役に立ちます。

野菜・くだものの皮

シンクの汚れ落としに
シンクの汚れは、気づいたときにさっときれいに。だいこんの皮は適度な弾力があるので、**カーブのある部分の汚れ落とし**に向いています。**紅茶のバッグ**なども便利。
☞ P.8「見直そう『皮』活用」

レモン

電子レンジのにおい消しに
レモンの切れ端や、しぼったあとの残りを耐熱容器に入れ、ラップなしで30秒ほど加熱します。**オレンジなどでも同様の効果があります。**
☞ P.16「レモン使いきりかんたんレシピ」

コーヒーかす

靴のにおい消しに
乾燥させ、お茶パックなどに入れて靴に入れると消臭効果があります。**緑茶の茶がらでもできます。**

茶がら

グリルのにおい消しに
魚のにおいが気になるグリル。受け皿の水に茶がらを加えて使うと、魚くささが軽減され、使い終わったあとの油汚れも落としやすくなります。

はき掃除に
軽くしぼって、玄関のたたき、ベランダなどにまき、茶がらを集めるように、はきます。茶がらがごみをからめとり、ほこりが舞い上がるのもおさえられます。

捨てないで・使いきる

味のきめてを大切に

最後まで使いきろう・調味料

料理に欠かせない調味料。すみずみまできれいに使いきりましょう。それでもなかなか使いきれず、残ってしまいがちな調味料を、たっぷり使ったレシピをご紹介します。

清潔を保とう

ふたをきちんとしめましょう。スプーンを入れたままにしたり、調理に使っている途中のスプーンを入れたりするのは変質のもとです。清潔で乾いたスプーンを使いましょう。

立てて保存しよう

口の部分に集めましょう。牛乳パックを切ったものに立てると、安定します。

寄せておこう　こそげとろう

袋入りのものは、スケッパーなどを使って、きれいに寄せて保存しましょう。最後まで使いやすくなり、空気に触れる部分が減るので、長持ちしやすくなります。びん入りは、ゴムべらなどを使えばすみずみまできれいにとれます。

最後は切り開こう

口の部分にけっこうたまっています。切って、小さいスプーンなどですくい出します。

最後は中に何か入れて使おう

残り少ないねりごまのびんに、砂糖、しょうゆ、酒などを加えてよく混ぜると、ごまあえのもとのできあがり。洗いものも少なくてすみます。トマト缶詰やソースなどは、調理中のスープやワインなどを入れてすすいで鍋に加えます。

最小限のものでくふうしよう

調味料を余らせないためには、必要な調味料でやりくりするのがいちばんです。その調味料がなければできない料理かどうか、よく考えてから買いましょう。和洋中にとらわれず、組み合わせて使ってみると、「わが家の味」の発見にもつながります。

オイスターソース

かき油ともいい、かきを原料とした濃厚なうま味があります。和洋中問わず、少し加えるだけでワンランクアップの味。

開封後約2か月 ｜ 冷蔵庫で保存

🍴 かんたん炊きこみごはん

材料4人分 ＊1人分323kcal

米…米用カップ2（360ml）　水…360ml
A ┌ しょうゆ…大さじ1
　└ オイスターソース…大さじ1
焼き豚…100g　しめじ…100g
さやいんげん…2本

❶米はといで水気をよくきります。炊飯器の内釜に入れ、分量の水に30分以上つけます。
❷焼き豚は1〜2cm角に切ります。しめじは小房に分けます。
❸さやいんげんは、さっとゆでて斜め細切りにします。
❹①に②とAを入れてさっと混ぜ、ふつうに炊きます。茶碗に盛り、さやいんげんをのせます。

🍴 かぼちゃのオイスター煮

材料2人分 ＊1人分125kcal

かぼちゃ…250g　ししとうがらし…6本
A（だし…100ml　砂糖…大さじ½　酒…大さじ1）
オイスターソース…大さじ1

❶かぼちゃは種をとって、3〜4cm角に切り、皮をところどころむきます。
❷鍋にAを入れ、かぼちゃを皮を下にして並べ、落としぶたをして約5分中火で煮ます。オイスターソースを加え、さらに約10分煮て、ししとうがらしを加え、さっと煮ます。

🍴 レタスのオイスターソースがけ

材料2人分 ＊1人分25kcal

レタス…½個（150g）
A ┌ オイスターソース…大さじ1
　│ しょうゆ…大さじ1　水…大さじ1
　└ こしょう…少々

❶Aは合わせます。レタスは縦4つ割りにし、熱湯でさっとゆでます。ざるにあげて水気をきります。
❷レタスが温かいうちに、Aをかけます。

トマトケチャップ

開封後約1か月 | 冷蔵庫で保存

トマト、酢、たまねぎ、スパイスなどが入った調味料で、これひとつで赤ワインを加えたかのような深みをプラスできます。メインの味つけにも、かくし味にも◎。

🍴 ゆで豚肉のケチャップソースあえ

材料2人分＊1人分258kcal

豚もも肉(薄切り)…150g　たまねぎ…½個(100g)
A［トマトケチャップ…大さじ3
　ソース…大さじ1½
　サラダ油…大さじ1　こしょう…少々］

❶たまねぎは薄切りにします。ボールなどにAを合わせます。たまねぎを加えて混ぜます。
❷肉は7～8cm幅に切り、熱湯でゆでます。色が変わったら、水気をきり、①に入れて混ぜます。

🍴 とり肉のケチャップ煮

材料2人分＊1人分164kcal

とりもも肉(皮なし)…200g　トマトケチャップ…大さじ2
A(砂糖…大さじ1　酒…大さじ2　しょうゆ…大さじ1)
かたくり粉…小さじ½　水…小さじ1½

❶とり肉はひと口大に切ります。
❷鍋にAを合わせて火にかけます。煮立ったらとり肉を加え、3～4分煮ます。ケチャップを加え、さらに2～3分煮ます。
❸水どきかたくり粉で、とろみをつけます。
◎冷蔵庫で3日保存できます。

🍴 かんたんチキンライス

材料2人分＊1人分560kcal

ごはん…350g(2ぜん分よりやや多いくらい)
とりもも肉…150g　たまねぎ…¼個(50g)
にんにく…½片　バター…20g
A［トマトケチャップ…大さじ3
　スープの素・塩・こしょう…各少々］

❶とり肉は1.5cm角に切ります。たまねぎ、にんにくはみじん切りにします。
❷フライパンにバターを溶かし、たまねぎとにんにくをいためます。たまねぎがすき通ってきたら、とり肉を加えていためます。肉の色が変わったら、Aを加えてさらにいためます。ごはんをほぐしながら加え、全体をよく混ぜます。
◎お好みでクレソンを加えたりオムレツをのせても。

ジャン3種 （コチュジャン／トウバンジャン／テンメンジャン）

開封後約2か月 ｜ 冷蔵庫で保存

🍴 スペアリブのコチュジャン煮こみ

材料2人分 ＊1人分839kcal

豚スペアリブ（約5cm長さ）…500g　酒…50ml　水…500ml
A ┌ にんにく…4片　コチュジャン…大さじ2
　├ しょうゆ…50ml　砂糖…大さじ1
　└ ごま油…小さじ½　こしょう…少々

❶鍋にスペアリブと酒、水を入れ、火にかけます。沸とうしたらアクをとり、ふたをずらしてのせ、弱火で30～40分、肉がやわらかくなるまで煮ます。
❷Aを加え、落としぶたをして、さらにふたをずらしてのせ、弱火で30分ほど煮ます。
◎お好みで、ブロッコリーなどをゆでて添えます。

🍴 キャベツとにんじんのコチュジャンあえ

材料　作りやすい分量 ＊全量154kcal

キャベツ…100g　にんじん…50g　塩…小さじ¼
A ┌ コチュジャン…大さじ1　ごま油…小さじ2
　└ こしょう…少々

❶キャベツとにんじんは細切りにします。塩をふり、水気をしぼります。
❷器にAを合わせて①を入れ、混ぜます。30分ほどおいて、味をなじませます。
◎冷蔵庫で約1週間保存できます。

🍴 豚肉とキャベツの甜麺醤いため

材料2人分 ＊1人分290kcal

豚ばら肉（薄切り）…100g　キャベツ…200g
ねぎ…½本　しょうが…1かけ（10g）
サラダ油…大さじ½　A（甜麺醤…大さじ2　水…50ml）

❶キャベツは芯ごとざく切りにします。ねぎは斜め薄切りにします。しょうがは薄切りにします。
❷豚肉は4～5cm長さに切ります。Aは合わせます。
❸フライパンに油を熱し、ねぎとしょうがを入れます。香りが出てきたら肉を加えます。肉の色が変わったら、キャベツを加えます。ざっといため、Aを加えてふたをし、弱火で3～4分加熱します。

コチュジャンは韓国の甘辛みそ。豆板醤は中国の調味料でとうがらしのピリ辛味。甜麺醤は北京ダックのソースなどに使われる甘みそです。

🍴 ピリ辛鉄火丼

材料2人分 ＊1人分371kcal

温かいごはん…300g　まぐろ（刺し身用）…150g
長いも…30g　オクラ…2個　焼きのり…½枚
A ┌ 豆板醤…大さじ½　しょうゆ…大さじ½
　└ ごま油…大さじ½

❶Aは合わせます。まぐろは7〜8mm厚さに切り、Aに5分ほどつけます。
❷オクラはさっとゆで、小口切りにします。長いもは3cm長さのせん切りにします。
❸ごはんを器に盛り、のりをちぎってごはんの上にのせます。①をつけ汁ごとのせ、さらに②をのせます。

🍴 いそべ焼き 豆板醤(トウバンジャン)味

材料2人分 ＊1個分123kcal

切りもち…4個　焼きのり…½枚
A ┌ 砂糖…小さじ1　豆板醤…小さじ½
　└ しょうゆ…小さじ1

❶Aは合わせます。のりは4等分します。
❷もちを焼きます。Aを塗り、のりを巻きます。

こんな使い方も

それぞれの特徴をいかして気軽にプラス。料理にアクセントが生まれます。味をみながら少しずつ加えましょう。たとえば…

●**即席もみじおろしに**…豆板醤をだいこんおろしに少量加えてできあがり。手軽です。

●**焼きおにぎりに**…コチュジャンときざみねぎを合わせて焼きおにぎりに塗ります。

●**薬味として**…豆板醤をうどんやそば、そうめんのつゆ、納豆、みそ汁などに。ほんの少しでピリ辛味に。

●**甜麺醤はコクのある**甘みそなので、「みそ＋砂糖（＋みりん）」の組み合わせが一本でできます。なすのみそいため（写真）や、こんにゃくの甘辛煮などに。カレーのかくし味にも。

●**しょうゆにプラス**…コチュジャンの辛味が加わって、いつもの刺し身が韓国風に。

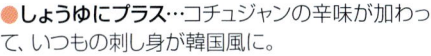

ソース

さまざまなスパイス、野菜、くだものなどが原料のため、複雑な甘味、酸味のあるまろやかな深みを加えることができます。ウスター、中濃など種類がありますので、好みで味をととのえてください。

開封後1～2か月 ｜ 冷蔵庫で保存

豚肉のソース煮

材料4人分 ＊1人分501kcal

豚ばら肉（かたまり）＊…500g
ねぎの青い部分…1本分
しょうが（薄切り）…1かけ(10g)
A（ソース…50ml　酒…50ml　水…500ml）
サラダ菜…少々　＊肩ロースでも。

❶肉、ねぎ、しょうが、Aを鍋に入れ、強火にかけます。アクを除き、落としぶたをして、約45分、弱火で煮ます。竹串を刺して、にごった汁が出なければ、できあがりです。
❷肉をとり出します。食べやすく切り、サラダ菜を敷いた器に盛ります。煮汁はとろりとするまで煮詰め、肉にかけます。

ほうれんそうもち

材料2人分 ＊1人分267kcal

切りもち…4個　ほうれんそう…200g
ソース…大さじ1　サラダ油…少々

❶ほうれんそうは4～5cm長さに切ります。
❷フライパンに油を入れ、弱火で温めます。もちを並べ、その上にほうれんそうをのせて、ふたをします。2～3分焼きます。
❸上下を返し、ほうれんそうをからめながらさらに2～3分焼きます。もちがやわらかくなったら、ソースをまわしかけ、ひと混ぜします。

砂肝のソース蒸し

材料2人分 ＊1人分70kcal

とりの砂肝…100g　たまねぎ…1/4個(50g)
しょうが…小1かけ(5g)
A（ソース…大さじ2　水…大さじ1）

❶砂肝は白い部分をそぎとり、薄切りにします。
❷たまねぎは薄切り、しょうがはせん切りにします。
❸深めの耐熱容器に、砂肝、たまねぎ、しょうがを入れ、Aと合わせます。ラップをかけ、電子レンジで約5分(500W)加熱します。

チューブもの

開封後約3か月 ｜ 冷蔵庫で保存

わさび、からし、しょうが、にんにくなどがあります。しぼったときの約3cmが約小さじ⅓にあたります。マヨネーズ大さじ1に小さじ½の割合で混ぜると、かんたんなたれが完成します。

🍴 豚ロースのからし煮

材料2人分＊1人分293kcal

豚ロース肉（1枚約100g）…2枚　たまねぎ…½個（100g）
塩…小さじ¼　こしょう…少々
練りがらし…小さじ2　パセリのみじん切り…少々

❶たまねぎは薄切りにします。豚肉は筋を切り、肉たたきやめん棒などでたたいて薄くして、塩、こしょうをふります。
❷フッ素樹脂加工のフライパンにたまねぎの⅔量を敷き、肉を並べて、肉の上面にからしを小さじ1ずつ、スプーンの背などで塗ります。
❸残りのたまねぎを散らします。ふたをして3〜4分加熱し、弱火にして5分ほど蒸し煮にします。皿に盛り、パセリのみじん切りをふります。

🍴 ピリッと即席漬け

材料　作りやすい分量＊

きゅうり、キャベツ、だいこん、セロリ、かぶ、にんじんなど…200g
A ┌ しょうゆ…大さじ2　みりん…大さじ1
　 └ 練りわさび（または練りがらし）…大さじ1

❶Aは合わせます。野菜は食べやすい大きさの乱切りにします。
❷野菜をAに漬けます。時々上下を返して、30分以上おきます。
◎冷蔵庫で約2日保存できます。

🍴 しょうがジャム

材料＊全量116kcal

しょうが（すりおろし）…大さじ1　砂糖…20g
はちみつ…大さじ½　レモン汁…大さじ¼
水…大さじ¼

❶深めの耐熱容器に材料をすべて合わせ、よく混ぜます。
❷ラップをせずに、電子レンジで約1分（500W）加熱します。いったん電子レンジからとり出し、よく混ぜます。さらに約1分加熱します。
◎まだゆるいかなと思うくらいでちょうどよい。紅茶やお湯に溶かして飲みます。
◎加熱中にあふれることがあるので、深い容器で作ります。

複数のハーブを組み合わせて使うと、くせがやわらぎ、使いやすくなります。古くなったら、料理以外の使いみちもあります。

ドライハーブ

開封後賞味期限内 | 冷暗所で保存

こんな使い方も

● **クリームチーズと混ぜて**…バジル、ローズマリー、オレガノなどをクリームチーズに混ぜ、クラッカーにのせて、かんたんオードブル。葉が大きなものは軽くきざんでから混ぜます。クラッカーの味によって、塩を加えて味をととのえます。

● **から揚げの粉に混ぜて**…衣の小麦粉に混ぜて使います。スパイシーなから揚げのできあがり。タイム、オレガノ、ナツメグなどが合います。

● **オムレツに加えて**…とき卵に混ぜてオムレツを作ります。オレガノやマジョラム、バジル、タラゴンなどが合います。

● **肉の下味に**…つけこみ液に混ぜて使います。

● **お風呂に、枕に**…古くなったものは、お茶パックに入れてお風呂に入れたり、枕カバーに入れて使えます。ほのかな香りが楽しめます。パウダーのものは向きません。

ハーブトースト

材料4人分 ＊1人分約160kcal

フランスパン…15cm
ドライハーブ
（ローズマリー、バジルなど好みのもの）…大さじ½
たまねぎ…15g
オリーブ油…大さじ2

❶たまねぎはみじん切りにします。ハーブとたまねぎ、オリーブ油を混ぜます。
❷フランスパンを12等分し、①を塗ります。オーブントースターでカリッとするまで焼きます。

ナンプラー

開封後約2か月 | 冷蔵庫で保存

魚の塩漬けが原料のタイ料理の代表的調味料です。くせのあるにおいが特徴的。少し加えるだけでエスニック風の味になります。塩分が多いので塩は控えめに。

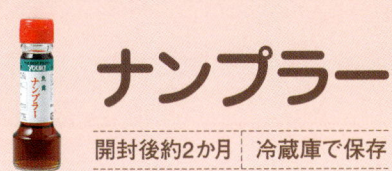

いかの風味焼き

材料2人分 ＊1人分188kcal

いか…1ぱい（300g）
＜たれ＞
赤とうがらし…1本　ナンプラー…大さじ1½
酒…大さじ1½　ごま油…大さじ1
にんにく（みじん切り）…大1片分　ねぎ（みじん切り）…大さじ2

① いかは足とわたを抜きます。皮つきのまま、胴は1cm幅の輪切り、足は3cm長さに切ります。
② 赤とうがらしは種を除いて小口切りにします。
③ たれの材料を合わせ、いかを入れて10分ほどつけます。
④ たれごとフライパンに移します。中火で2分ほど焼き、いかに火を通します。

エスニック風酢のもの

材料2人分 ＊1人分109kcal

だいこん…100g　にんじん…30g　セロリ…⅓本
A（水…200ml　塩…小さじ1）
赤とうがらし…1本　ごま油…大さじ1
B（砂糖…大さじ1½　酢…大さじ3　ナンプラー…大さじ1）

① 野菜は4cm長さの拍子木切りにして、Aの塩水に約20分つけます。水気をきります。
② 赤とうがらしは種を除いて小口切りにします。Bは合わせ、よく混ぜます。
③ 鍋にごま油と赤とうがらしを入れ、Bを入れてひと煮立ちさせます。熱いうちに野菜にかけて、さまします。

こんな使い方も

独特の香りとコク、うま味があります。
しょうゆの代わりに使ってみましょう。
たとえば…

● **焼きそばに**…仕上げにひとふりして風味をプラス。
● **肉じゃがに**…しょうゆの代わりに。塩分が多いので少なめに入れます。エスニック風の仕上がり。
● **卵焼きに**…卵の色がきれいなまま、コクのあるできあがり。

> いりごまを油が出るまですりつぶしたもの。たっぷり使えるので、ごまの栄養を手軽にとることができます。黒ねりごまも同様に使えます。

ねりごま

開封後約1か月 ｜ 冷蔵庫で保存

🍴 ねりごま鯛(たい)茶漬け

材料2人分 ＊1人分487kcal

刺し身(たい、はまちなど、好みのもの)…150g
温かいごはん…300g　だし…300ml
A ┌ みそ…大さじ1½　すりごま…大さじ1
　└ ねりごま…大さじ1　しょうゆ…少々
万能ねぎ…2本　しその葉…3枚

❶ 万能ねぎは小口切りにします。しそはせん切りにし、水にさっとさらして水気をきります。
❷ 鍋にAを入れてよく混ぜ、だしを少しずつ加えてのばします。中火で熱します。
❸ ごはんを茶碗に盛ります。刺し身をのせ、②をかけます。万能ねぎとしそをのせます。

🍴 ねりごまチキン

材料2人分 ＊1人分384kcal

とりもも肉…250g　ねりごま…大さじ2　サラダ油…少々
A ┌ 砂糖…大さじ1　酒…大さじ2
　└ しょうゆ…大さじ1½　一味とうがらし…小さじ1＊
サラダ菜…少々　＊または赤とうがらし1本を小口切りにしたもの。

❶ Aは合わせます。肉は大きめのひと口大のそぎ切りにします。Aに肉を入れ、15分ほどおきます。
❷ フライパンに油を強火で熱し、肉を皮側から約2分焼きます。裏返して中火にし、ふたをして約3分焼きます。肉をとり出します。
❸ 残ったAにねりごまを加えます。よく混ぜてねりごまが溶けたら、フライパンに入れ、中火にかけます。沸とうしてきたら、②の肉をもどし入れ、からめます。サラダ菜を敷いた器に盛ります。

🍴 ねりごま蒸しパン

材料4個分 ＊1個分144kcal

ホットケーキミックス…100g　牛乳…50ml
ねりごま…大さじ1½　砂糖…大さじ1

❶ 牛乳、ねりごま、砂糖を合わせてよく混ぜます。ホットケーキミックスを加え、よく混ぜます。
❷ ①を器に等分に流し入れます。器にラップをかけ(ふくらむので、高さをとってふんわりと)、電子レンジで1個ずつ、約1分(500W)加熱します。

バルサミコ

開封後冷蔵庫で約1年・冷暗所で約6か月

ぶどうを熟成させた、イタリアの酢。酸味だけでなく、芳醇で濃厚な香りがあるのが特徴です。加熱すると酸味がやわらぎます。

🍴 イタリアンおにぎり

材料2人分＊1人分204kcal

温かいごはん…160g　バルサミコ…大さじ1
生ハム…50g　ルッコラ…4本(20g)

❶ルッコラは、飾り用に少々とりおき、残りは約1㎝長さに切ります。
❷温かいごはんに、バルサミコを加え、よく混ぜます。ルッコラも加えて混ぜます。
❸俵型のおにぎりを4個にぎります。
❹おにぎりを生ハムで巻きます。飾り用のルッコラをのせます。
◎生ハムはおにぎりの形に合わせて切ると巻きやすい。

🍴 れんこんのいためもの バルサミコ味

材料2人分＊1人分122kcal

れんこん…200g　オリーブ油…大さじ1弱
バルサミコ…大さじ1　しょうゆ…小さじ1
スープの素…少々　(好みで)七味とうがらし…少々

❶れんこんは皮をむき、2～3㎝長さの乱切りにします。
❷フライパンにオリーブ油を熱します。れんこんを入れ、中火ですき通るまでいためます。
❸バルサミコ、しょうゆ、スープの素を入れます。1～2分いためて、れんこんにからめます。好みで七味とうがらしをふります。
◎冷蔵庫で2～3日保存できます。

こんな使い方も

●酢の代わりに…しょうゆと合わせて、ぎょうざのたれに。オリーブ油と合わせてドレッシングに。
●煮詰めて使う…半量になるくらいまで煮詰めて、とろりとさせ、アイスクリームやヨーグルト、白玉だんごにかけるとおいしい。フライパンや電子レンジで、ようすをみながら加熱します。

> ゆずやすだちなどの果汁としょうゆが原料。酸味のあるしょうゆベースの調味料と考えましょう。さっぱりとした仕上がりになります。

ぽん酢しょうゆ

開封後約4か月 ｜ 冷蔵庫で保存

🍴 野菜のホットぽん酢

材料2人分 ＊1人分約150kcal

なす、キャベツ、きのこなどの野菜…150〜200g
サラダ油（またはごま油）…大さじ2
ぽん酢しょうゆ…大さじ1½

❶野菜は食べやすい大きさに切り、油でいためます。
❷最後にぽん酢しょうゆを回しかけ、火を止めます。
◎お好みで、しその葉をのせます。

🍴 野菜の甘酢あん

材料2人分 ＊1人分90kcal

にんじん…20g　たまねぎ…40g　ピーマン…1個
A（ぽん酢しょうゆ…大さじ2　水…大さじ4）
サラダ油…大さじ1　かたくり粉…小さじ1　水…小さじ1

❶野菜はせん切りにします。Aは合わせます。
❷油でにんじん、たまねぎをいため、しんなりしたらピーマンを加えます。Aを加え、水どきかたくり粉でとろみをつけます。
◎とうふステーキや魚の素揚げにかけます。

🍴 きのこのおろしあえ

材料2人分 ＊1人分45kcal

えのきたけ…1袋(100g)　しいたけ…6個
なめこ…½袋(50g)
ぽん酢しょうゆ…大さじ3　だいこん…150g

❶えのきたけは根元を落として半分に切り、しいたけは薄切りにします。なめこはさっと洗って、ぬめりをとります。
❷鍋にきのこ全部とぽん酢しょうゆを入れて、しんなりするまで1〜2分煮ます。
❸だいこんはすりおろして軽く水気をきり、きのこの上にのせます。

マヨネーズ

開封後約1か月 | 冷蔵庫で保存

油と酢、卵などが主原料。コクのある味つけが得意です。ほかの調味料との相性も和洋中問わずよいので、組み合わせて使いやすい。

🍴 きのこのマヨ焼き

材料2人分 ＊1人分約100kcal

きのこ（しめじ、えのきたけ、エリンギなど）…100～150g
しょうゆ…小さじ2　マヨネーズ…大さじ2

❶きのこを耐熱容器に入れ、しょうゆをかけます。マヨネーズを全体にのせます。
❷オーブントースターで15～20分ほど焼きます。

🍴 卵のせマヨトースト

材料1人分 ＊315kcal

食パン…1枚（6枚切り）　卵…1個
マヨネーズ…大さじ1　（好みで）塩・こしょう…各少々

❶食パンの耳の内側にそって、マヨネーズを出し、四角を囲うようにします。
❷①の内側に卵を割り入れます。
❸オーブントースターで2～3分、卵が半熟状になるまで焼きます。好みで塩、こしょうをかけます。

こんな使い方も

マヨネーズは、できあがった料理にかけて使うことが多いものですが、調理に使っても便利です。たとえば…

●**揚げものの卵の代わりに**…衣に使う卵液の代わりに「マヨネーズ＋水」。少量の揚げもののときに便利です。マヨネーズ大さじ1に対して水大さじ5（75ml）がめやすです。

●**ほかの調味料と…**
☞P.29「チューブもの」

●**油の代わりに**…いためものやチャーハンに、いつもの油の代わりにマヨネーズ。コクも加わります。

●**お好み焼きやハンバーグに**…たねに加えて混ぜて焼くと、ふんわりと仕上がります。

めんつゆ

砂糖の甘味、しょうゆの塩味とだしのうま味がそろった「だし入りしょうゆ」と考えると使いやすい。和の味つけに便利です。

開封後約2週間(濃縮タイプの場合) | 冷蔵庫で保存

🍴 竜田揚げ

材料2人分 ＊1人分335kcal

とりもも肉＊…250g
めんつゆ(濃縮タイプ)…大さじ2
かたくり粉…大さじ2　揚げ油…適量
＊魚やほかの肉でも手軽にできます。

❶肉は3cm大くらいのそぎ切りにします。めんつゆをもみこんで、約20分おきます。
❷肉の汁気をふき、かたくり粉をまぶして、余分な粉ははたきます。
❸油を中温(170℃)に熱し、肉を3〜4分揚げます。
◎めんつゆに、にんにく1片分のすりおろしを加えてもおいしい。

こんな使い方も

卵かけごはんや、納豆にかけてもおいしい。甘味が強いので、必要に応じてしょうゆを加えるなど味をととのえて。

🍴 生揚げのレンジ蒸し

材料2人分 ＊1人分147kcal

生揚げ…1個(200g)
A(めんつゆ(濃縮タイプ)…大さじ1　水…大さじ2)
ねぎ…5cm　しょうが…小1かけ(5g)
けずりかつお…適量

❶生揚げは、熱湯をかけて油抜きし、4等分に切ります。
❷ねぎは小口切りにします。しょうがはすりおろします。
❸Aは合わせます。①を1人分ずつ器に盛り、Aをかけます。ラップをして電子レンジで約3分(500W)加熱し、②の薬味とけずりかつおをのせます。

🍴 ぶりの照り焼き

材料2人分 ＊1人分約257kcal

ぶり(80〜100gの切り身)…2切れ
めんつゆ(濃縮タイプ)…大さじ3

❶ぶりをめんつゆに15〜20分つけます。
❷グリルで両面を焼きます。表になる面に①のつけ汁をかけ、乾かす程度に焼きます。
◎お好みで菊花かぶなどを添えます。

焼き肉のたれ

開封後約2週間 | 冷蔵庫で保存

種類により違いがありますが、基本はしょうゆベースの甘辛味。にんにく、たまねぎ、スパイスなどが入って、これひとつで味つけできます。

🍴 かんたん肉じゃが

材料2人分 ＊1人分371kcal

じゃがいも…中2個(300g)
たまねぎ…½個(100g)　しょうが…1かけ(10g)
牛薄切り肉(切り落とし)＊…100g
焼き肉のたれ…大さじ2　水…150ml　＊豚肉でも。

❶じゃがいもは4つに切り、水にさらして水気をきります。
❷たまねぎ、しょうがは薄切り、肉は5cm長さに切ります。
❸鍋に焼き肉のたれ、しょうがを入れ、肉をほぐして加え、強火にかけます。肉の色が変わったら、じゃがいも、たまねぎ、水を加えます。煮立ったら弱火にします。
❹鍋のふたをし、いもがやわらかくなり、汁気が少なくなるまで煮ます。

🍴 ささっと野菜いため

材料2人分 ＊1人分111kcal

キャベツ…150g　ねぎ…½本
ウィンナーソーセージ…2本
サラダ油…大さじ½　焼き肉のたれ…大さじ1

❶キャベツはひと口大、ねぎは斜め薄切りにします。ソーセージは2～3mm厚さの斜め切りにします。
❷フライパンに油を熱し、野菜とソーセージをいためます。油が回ったら、焼き肉のたれを加えてからめます。

🍴 肉そぼろのレタス包み

材料2人分 ＊1人分155kcal

合びき肉…100g　しいたけ…2個
ゆでたけのこ…70g　焼き肉のたれ…大さじ1½
ごま油…少々　レタス…適量

❶しいたけは軸も一緒にみじん切りにします。たけのこもみじん切りにします。
❷鍋に油を熱し、肉をいためます。火が通ったら、①を加えてさっといため、焼き肉のたれを入れてからめます。汁気がなくなったら、火を止めます。
❸レタスに②を包んで食べます。

ゆずこしょう

塩と、ゆずの風味、とうがらしの辛味が特徴の九州地方の調味料。こしょうは含みません。塩分が多いので、塩は控えめにしましょう。

開封後1か月 ｜ 冷蔵庫で保存

じゃがいもとパプリカのゆずこしょういため

材料4人分 ＊1人分37kcal

じゃがいも…1個（100g）
パプリカ（赤）…½個（約80g）　サラダ油…小さじ1
A（ゆずこしょう…小さじ1　しょうゆ・酢…各大さじ½）

❶じゃがいも、パプリカは5mm太さの拍子木切りにします。じゃがいもは水にさらして水気をきります。Aは合わせます。
❷フライパンに油を熱します。①を入れ、じゃがいもがすき通るまでいためます。
❸Aを加えます。汁気がなくなるまでいためます。

ゆず風味ペペロンチーニ

材料2人分 ＊1人分375kcal

スパゲティ…160g　にんにく…1片
ゆずこしょう…小さじ1　オリーブ油…大さじ1
A（湯…2ℓ　塩…大さじ1）

❶スパゲティはAで表示どおりゆでます。ざるにあげて水気をきります。
❷にんにくは薄切りにします。
❸フライパンにオリーブ油を熱し、にんにくをいためます。香りが出てきたら、スパゲティとゆずこしょうを加え、全体を混ぜます。好みでのりの細切り少々（材料外）をふります。

●サンドイッチのからしの代わりに
●おひたしの味つけに
●鍋もの、うどん、みそ汁の薬味に

こんな使い方も

九州地方では一般的な調味料のため、家庭では常にテーブルに置かれているとか。さまざまな料理に日常的に使われています。ほんの少しで風味が加わります。たとえば…

●わさびやからしの代わりに…冷奴、納豆、刺し身、お茶漬けなどに。
●ロールキャベツに加えて…和風の仕上がりに。
●ぬか床に加えて

ワインビネガー

開封後冷蔵庫で約1年・冷暗所で約6か月

ぶどうが原料のイタリアの酢。酸味が強く、ほのかな甘さとフルーティな香りが特徴です。日本の酢の代わりに使ってみましょう。

ピクルス

材料＊全量230kcal

きゅうり＊…2本　セロリ（茎）…1本　にんじん＊…½本
A［砂糖…大さじ4　塩…小さじ½
　　ワインビネガー（白）…150ml　（あれば）ローリエ…1枚］
＊かぶ、だいこんなどでもできます。野菜の合計約360g。

❶きゅうりは3cm長さに切ります。セロリは筋をとり、縦半分にして4cm長さに切ります。にんじんは5mm厚さの輪切りにします（型で抜いても）。
❷深めの耐熱容器にAを合わせ、①を入れます。
❸ラップで落としぶたをし、さらに器にラップをかけて、電子レンジで約5分（500W）加熱します。
❹あら熱がとれたら、冷蔵庫で冷やします。1時間ほど後からが食べごろです。◎冷蔵庫で約1週間保存できます。

即席ザウアークラウト

材料2人分＊1人分67kcal

キャベツ…250g　バター…10g
A（水…大さじ3　ワインビネガー（白）…大さじ3）
塩…小さじ⅓　こしょう…少々

❶キャベツは1.5cm幅のざく切りにします。フライパンにバターを溶かし、キャベツを強火でさっといためます。
❷Aを加え、5～6分、混ぜながら味をなじませます。塩、こしょうで味をととのえます。
◎冷蔵庫で約3日保存できます。
◎ソーセージとよく合います。

こんな使い方も

フレンチドレッシング

ワインビネガーの使いみちのひとつがドレッシング。基本の作り方を紹介します。

材料＊できあがり量約150ml

ワインビネガー…大さじ4　塩…小さじ⅓
こしょう…少々　サラダ油…大さじ6
＊好みでバジルやオレガノなどのドライハーブを小さじ½ほど加えると、ハーブドレッシングになります。

油以外の材料をよく混ぜ合わせておきます。油を糸状に少しずつ加えて、そのつどよく混ぜます。調味料と油がよく混ざればできあがり。
◎冷蔵庫で4～5日保存できます。

カレー卵

材料4個分 ＊1個分88kcal

かたゆで卵…4個
A ┌ しょうゆ…大さじ1
　├ カレー粉…小さじ2
　└ 砂糖…小さじ1

❶小鍋に水200mlとAを入れ、混ぜます。
❷ゆで卵の殻をむき、①に入れ、中火でころがしながら5分ほど煮ます。煮汁につけたまさまします。

◎お好みでレタスなどと食べます。

カレー粉

開封後賞味期限内 ｜ 冷暗所で保存

クミンやターメリックなどのスパイスの粉末のミックス。マヨネーズに混ぜたり、とりのから揚げにもみこんだりすると、味に変化がつきます。

エスニックそうめん

材料2人分 ＊1人分約390kcal

そうめん…160g
お好みの具（焼き豚など）
A ┌ スイートチリソース
　│　…大さじ2
　├ しょうゆ…大さじ1
　└ だし…大さじ1

❶具の用意をします。Aを合わせます。
❷そうめんは表示どおりにゆで、流水でもみ洗いし、水気をきります。
❸そうめんに具をいろどりよく盛り、Aをかけます。

スイートチリソース

開封後約2か月 ｜ 冷蔵庫で保存

赤とうがらし、にんにく、砂糖、酢が原料の、タイ料理に欠かせない調味料。春巻きやさつま揚げなどのつけだれのほか、とりのから揚げ、生がきのソースにもぴったり。

粒マスタードドレッシング

材料 ＊できあがり量約120ml

粒マスタード…大さじ2
酢…大さじ2
しょうゆ…大さじ1½
サラダ油…大さじ2

材料をすべて合わせ、よく混ぜます。少量残ったびんに調味料を加えてふるだけでもできます。

粒マスタード

開封後約1か月 ｜ 冷蔵庫で保存

からしよりも辛味がおだやかで酸味もあります。ハンバーグのソース、焼き肉のたれに加えるなど、広範囲に使えます。分離したら、よく混ぜてから使いましょう。

タバスコ

開封後賞味期限内 | 冷蔵庫で保存

一般名詞のように使われていますが、「タバスコ」は商品名。すりつぶしたとうがらしに酢や塩で味をつけたものです。和洋中問わず、辛味と酸味がほしいときに。

● ピザやパスタにかけて、辛味を加えるのはもちろん、ケチャップとともにオムレツに使ったり、ぎょうざのたれ、ラーメン、トマトジュースにプラスしても。

🍴 たことぎゅうりの酢みそあえ

材料2人分＊1人分83kcal

ゆでだこ…80g
きゅうり…1本
　塩…小さじ¼
わかめ（塩蔵）…10g

A ┌ 西京みそ
　│　　…大さじ1½
　│ 砂糖…大さじ½
　└ 酢…大さじ1

❶ きゅうりは小口切りにします。塩をふり、しんなりしたら、水気をしぼります。わかめは洗って熱湯に通し、約2cm幅に切ります。
❷ たこはひと口大に切ります。
❸ Aを合わせ、①と②をAであえます。

西京みそ

開封後は、空気に触れないようにして冷蔵庫で保存

ふつうのみそよりかなり甘め。酢みそあえなどに使います。ふだんのみそに少し混ぜて使うと、味にコクが出ます。

● **納豆のたれ**
だししょうゆとして、青菜のおひたしやだし巻き卵の調味に。まとめておいて、肉じゃがなどの煮ものに使うこともできます。

● **納豆のからし**
少量なので、みそ汁やドレッシングに入れるとちょうどよいかくし味に。まとめておいて、からしをたっぷり使う料理に利用してもよいでしょう。　☞P.29「チューブもの」

● **かば焼きのたれ**
魚介類や肉の照り焼きのたれに使えます。そのままつけて焼くだけなので、調味料を合わせる手間がありません。焼きうどんやチャーハンの味つけにも利用できます。

おまけ調味料

納豆などについてくる調味料。余ったり、使わないこともあります。保存がきくので、とっておいて調味に使いましょう。

資源無駄なし
できることから始めよう

ガス・電気・水を大切に

無駄にしたくない大切な資源。ちょっとの心がけで、効率よく使うことができます。省エネになるのはもちろん、「台所の下は魚のすみか」といえるほど、環境とも深くかかわっています。調理中、あとかたづけのとき、できることから始めてみましょう。

ガス・電気

効率よく使って、必要最低限のエネルギー利用を目指しましょう。

湯をわかすときはふたをしよう

せっかくの熱い空気を逃がさないようにふたをします。早くわきます。

火にかける前、水をふきとる

鍋の底に水がついていると、その水を乾かすための余分なエネルギーが必要になります。鍋の底の水をふき、鍋をコンロにのせてから、火をつけます。

鍋の底をふく不用布を準備しておくとさっと使えて便利。
☞ P.44「不用布を準備しておこう」

熱を利用して汚れをOFF

コンロのまわりの煮こぼしや油はねは、コンロのまわりが熱いうちが落としやすい。気づいたときにすぐふきとって。

鍋の大きさは材料に合わせて

大きすぎる鍋を使うと、水やだしが余分に必要になり、エネルギーも無駄になります。

↑大きすぎる　　↑適切な大きさ

ただし、湯をわかすときは、底が広いほうが炎があたる面積が大きくなるので、短時間で効率よくわきます。

炎の大きさを目で確認しよう

鍋からはみ出した炎は無駄で、危険でもあります。最も高温な先端の青い部分が、鍋の底にあたるように目で見て調節。

↑はみ出している 　　↑適切な炎（中火）

水

調理中も、あとかたづけも、「汚れやにおいの少ないもの→あるもの」の順で使えば効率的。

ゆでる

アクの少ないものから、強いものへ

この順なら、ひとつの鍋と湯ですみ、ガスも水も無駄になりません。色が出やすいにんじんなども、あとに。

野菜や肉を切る

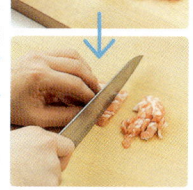

野菜を先に、肉や魚はそのあとで

この順なら、まな板や包丁を洗うひと手間と水を省けます。野菜と、肉や魚は、まな板の面を変えて使って衛生的に。

野菜を切る

においのないものを先に

洗いもの

汚れの少ないものを先に

汚れの少ないものを洗っている間、水につけておくと、汚れがゆるむので、水や洗剤を無駄に使いません。

■ 汚れはふきとってから洗おう

不用布や牛乳パックを切ったもの、ゴムべら、野菜の皮などで皿の汚れをふきとってから洗いましょう。

■ 洗剤は使いすぎない

濃縮タイプの台所用洗剤は、湯か水を入れたボールなどに入れて、薄めて使いましょう。濃くしても洗浄効果が上がるわけではなく、手あれや水質汚染の原因になります。

■ つけおきで汚れをゆるませよう

ごはん粒のついた食器やお箸などは、すぐに水か湯につけましょう。油気のある食器を一緒に入れると汚れが広がってしまうので、別にします。

■ 水や湯だけでも落ちます

油気のない湯のみなどは、水か湯をかけてこするだけでも、充分きれいになります。洗剤なしで洗えるふきんもおすすめです。

毎日の調理で心がけたい いろいろ

■ めん類や野菜のゆで汁を使おう

特にめん類のゆで汁は、小麦粉の粒子が溶けこんでいるので、油汚れがよく落ちます。汚れたフライパンなどに、熱いうちにそそいで使いましょう。

熱湯を雑草にかけて、除草に使う人も。ただし、塩を加えたゆで汁は土によくないので、避けます。

■ 計量は粉状のものから

調味料をはかるとき、砂糖や塩などの粉状のものからはかり始め、しょうゆなどの液体に移ると、計量スプーンをいちいち洗わずにすみます。

不用布を準備しておこう

使えなくなったシーツやTシャツなどは、捨てる前にひと働き。適当な大きさに切って、台所に置いておきましょう。鍋の底をふいたり、油はね、コンロの掃除など、使いたいときにさっと使えるように、常に何枚か用意しておきましょう。

■ まとめて作業しよう

ゆでものや、オーブンを使う料理は、まとめて作業すると効率的です。そのつどお湯をわかしてガスを使って、ではもったいない。
☞ P.6「ひと手間かけて使いやすく」

ほうれんそうをまとめてゆでて、さっと使える状態に。冷凍もできます。

■ 米のとぎ汁を使おう

◆ 食器の汚れ落としに

そのまま捨てるのはもったいない。米のとぎ汁にはぬかが含まれているので、油汚れがよく落ちます。食器のつけおき用に、洗いおけにとっておきましょう。

◆ 植木の水やりに

長期間与え続けると土の表面がかたくなるので、ようすをみながら。

◆ フローリングのふき掃除に

米ぬかの油分が適度なワックス効果に。においも気にならず、赤ちゃんやペットにも安心で、二度ぶきも必要ありません。

同時調理を心がけよう

ひとつの鍋や熱源で、複数の作業をする同時料理。省エネなうえ、時間も短縮できます。
☞ P.46「同時調理でらくらく」

◆炊飯器＋ふかす
ごはんを炊くときに、アルミホイルで包んださつまいも、じゃがいも、卵などを入れて同時調理。

◆ゆでる＋温める
レトルトのパスタソースの袋をよく洗い、パスタをゆでるときに一緒に温める。

◆ゆでる＋ゆでる
パスタをゆでるお湯で、野菜をゆでてもう一品。

◆ゆでる＋ゆでる
野菜をゆでるときは同じ鍋で一緒に。ゆで時間に違いがあるので、ざるやみそこしなどに加熱時間の短いものを入れて鍋に入れれば、時間差にもさっと対応。

余熱を利用しよう

◆温めに使おう
オーブントースターでパンを焼いている間、皿を上にのせておくと、皿が温まってパンがさめにくくなります。

◆乾燥に使おう
オーブンを使ったあと、庫内の余熱で道具類を乾かしてしまいましょう。

◆余熱調理をしよう
煮ものを作るとき、厚手の鍋を使い、煮る時間をレシピより少なめにして、しっかりふたをして火からおろします。バスタオルなど厚手の布で、鍋全体をすっぽりしっかり包みます。余熱で鍋の中が高温に保たれるので、その状態で、残りの時間おいておきます。
できあがった料理をすぐに食べないときも、こうしておくと、温め直しの時間が短くてすみます。

作りすぎないためのコツを知っておこう

お茶を飲むとき、お湯をわかしすぎてしまう！

[解決] カップに水をくんではかり、やかんに入れます。これでわかしすぎが防げます。蒸発する分を考えて、少し多めに入れます。

同様にみそ汁の水の量も、お椀にとってわかせば無駄なし。

4人分のレシピだけど、うちは2人。どうしたらいい？

[解決] 基本的に、すべての材料、調味料、油を半分の量にします。ただし、煮こみ料理（肉じゃが、魚の煮つけ、ワイン煮など）のだしや水、スープの量は、半分よりやや多めにします。たとえば4人分で、だし200mlのものなら、半分の100mlにプラス約20〜30ml（約大さじ1強〜2）にします。煮こむ時間は4人分のときとほぼ同じなので、半分では水分がたりなくなりやすいためです。

資源無駄なし

同時調理でらくらく

P.45の「ガス・電気・水を大切に 同時調理を心がけよう」の実践レシピです。ひとつの鍋で、一度にできて、省エネになるうえ、洗いものも少なくてすみ、いいことたくさん。ここにあげたレシピを参考にして、「これとあれは一緒にできないかな？」と考えてキッチンに立ってみてください。

一度にゆでる

ショートパスタのポテトサラダ

ひとつの鍋で、どんどんゆでてできあがり

同時調理

材料2人分 ＊1人分328kcal

- じゃがいも…中1個（150g）
- にんじん…40g
- スナップえんどう＊…4本
- ショートパスタ＊＊…30g
- ロースハム（細切り）…2枚

A ┌ マヨネーズ…大さじ4
　├ 酢…小さじ1
　└ 塩・こしょう…各少々

＊または、さやいんげん、さやえんどうなど好みのもの約40gでも。

＊＊フジッリ、ファルファッレ、マカロニなど、好みのもの。

❶じゃがいもは皮をむいて6つ割り、にんじんは3つに切ります。スナップえんどうは筋を除きます。
❷湯に塩少々（材料外）を入れ、パスタを表示どおりゆでます。ゆであがる9分ほど前にじゃがいもとにんじんを加え、ゆであがる1分半ほど前にスナップえんどうを加えてゆでます。
❸全部をざるにあげて水気をきります。にんじんはいちょう切りにし、スナップえんどうは斜め半分に切ります。Aは合わせます。パスタ、野菜、ハムをAであえます。

一度に焼く

フライパンホットドッグ

パンも一緒にフライパンで。目からウロコのワザ

同時調理

パンの真ん中に切れこみを入れ、具の材料を切ります。すべてフライパンに並べます。ふたをして弱火で5分ほど焼きます。途中でソーセージを裏返し、キャベツとピーマンをいためます。火が通ったものから順にとり出します。

一度にグリル

とりのあぶり焼き

つけ合わせも一緒に焼きます。あつあつをおいしく

材料2人分 ＊1人分314kcal

- とりもも肉…大1枚（300g）
- 塩…小さじ1
- こしょう（黒）…少々
- グリーンアスパラガス…2本
- ねぎ…½本
- 塩…少々
- レモン…¼個

❶とり肉は厚い部分は切りこみを入れて開き、厚みを均等にします。塩小さじ1を両面にまぶして5分ほどおき、水気をふきます。こしょうをふります。
❷アスパラは根元を落とし、かたい皮はむき、4つに切ります。ねぎはアスパラと同じ長さに切ります。
❸肉、アスパラ、ねぎをグリルに入れ、8〜9分焼きます。野菜は途中で時々ころがし、焼き色がついたら途中でとり出して、塩少々をふります。肉は裏返し、さらに約10分焼きます。こげるうならアルミホイルをかぶせます。
❹肉を食べやすい大きさに切り、器に盛ります。野菜とレモンを添えます。

一度にゆでる

ブロッコリーのオイルパスタ

パスタとブロッコリーを一緒にゆでます

材料2人分 ＊1人分400kcal

- スパゲティ…160g
- A［湯…2ℓ　塩…大さじ1］
- ブロッコリー…小1株（150g）
- オリーブ油…大さじ1
- B［にんにく…1片　赤とうがらし…小1本］
- アンチョビ…2枚（8g）
- 塩・こしょう…各少々

❶ブロッコリーは小房に分け、茎は皮をむいて3㎝長さの薄切りにします。
❷にんにくは薄切り、赤とうがらしは種をとり、アンチョビはざっとつぶします。
❸フライパンに油、Bを入れて弱火でいためます。にんにくが色づいたら、火を止めてアンチョビを混ぜます。
❹スパゲティをAで表示どおりゆでます。ゆであがる2〜3分前にブロッコリーを加えてゆでます。ゆで汁50mlをとりおきます。一緒にざるにあげます。
❺③を再び火にかけ、ゆで汁、スパゲティとブロッコリーを加えて混ぜます。塩、こしょうをふります。

資源無駄なし

油の使い方の基本

油をたった大さじ1だけ水に流しても、魚が住める水質にするためには、浴槽(300ℓ)約17杯分もの水が必要です。使い方をちょっとくふうすると、捨てる量をぐんと減らすことができます。

使い方を上手に

使う順番を考えよう

3～4回で使いきるのがめやすです。油が汚れにくい料理から使い始めましょう。たとえば、①てんぷら(野菜→魚介の順)→②フライやカツ、コロッケなど→③とりのから揚げなど下味をつけたもの→④最後はいためもの　の順です。

捨てるときも上手に

直接流しに捨てるのは厳禁! 牛乳パックに新聞紙や不用布などを入れて、さめた油を吸わせたり、油吸収パットを使うなどしましょう。少ないときは、さめてから不用布などでふきとります。

牛乳パックの口はしっかり閉じましょう。

あとかたづけを上手に

さめないうちに

❶ 揚げかすをとります

油のいたみの原因になります。揚げている間もこまめに除きましょう。

❷ あら熱がとれたらこし器でこします

こし器に、こし紙やペーパータオルを置き、油をこします。さめてしまうと、とろっとして、こし器を通りにくくなります。

保存はさめてから

油がさめたら、冷暗所で保存します。

2冊セットで完璧!!

大切な食べものを無駄にしない読本
疑問すっきり・食品保存マニュアル

お申し込み方法

食品の保存は「無駄なし」の基本。
2冊合わせて台所の必需品です。

1冊300円(税・送料込)です。希望の冊数分の切手を同封の上、下記までお申し込みください。

〒150-8363　渋谷区渋谷1-15-12
ベターホーム協会　保存読本係

続・大切な食べものを無駄にしない読本
食べものを捨てない調理マニュアル

発行日／2008年6月1日
定価／300円(本体286円)
編集・発行／財団法人ベターホーム協会
〒150-8363　渋谷区渋谷1-15-12
TEL 03-3407-0471　FAX 03-3407-9006
http://www.betterhome.jp

9784938508876